LK⁷ 1441

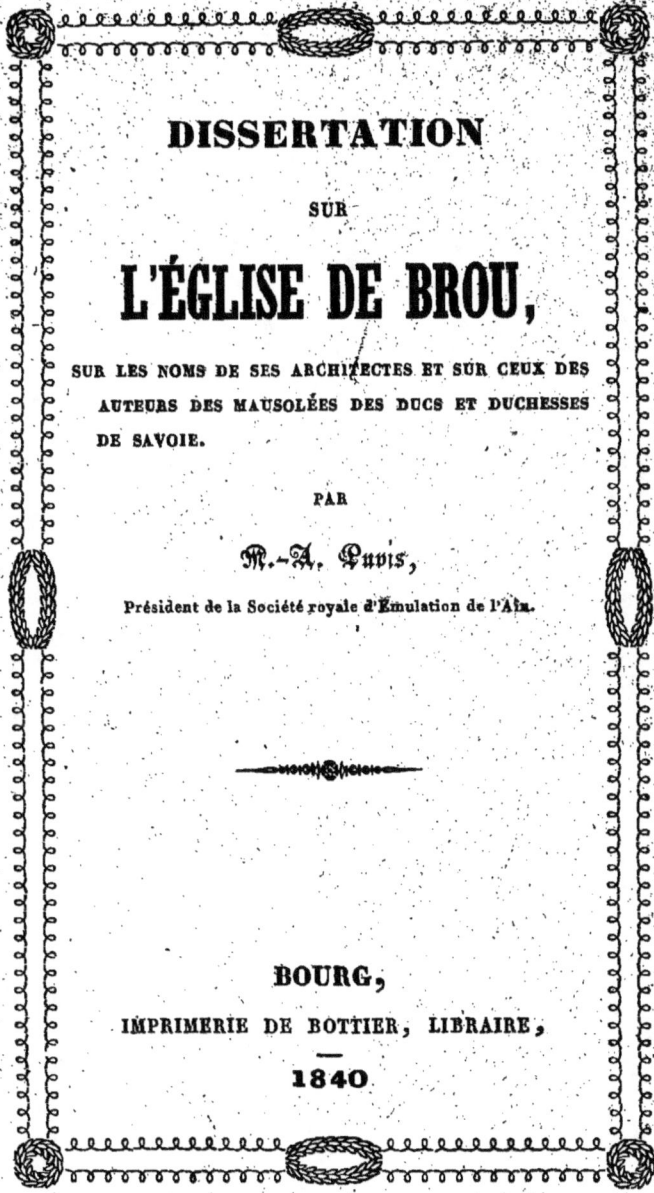

DISSERTATION

SUR

L'ÉGLISE DE BROU,

SUR LES NOMS DE SES ARCHITECTES ET SUR CEUX DES
AUTEURS DES MAUSOLÉES DES DUCS ET DUCHESSES
DE SAVOIE.

PAR

M.-A. Puvis,

Président de la Société royale d'Émulation de l'Ain.

———⬥———

BOURG,

IMPRIMERIE DE BOTTIER, LIBRAIRE,

—

1840.

DISSERTATION

SUR

L'ÉGLISE DE BROU,

SUR LES NOMS DE SES ARCHITECTES ET SUR CEUX
DES AUTEURS DES MAUSOLÉES DES DUCS ET
DUCHESSES DE SAVOIE.

Les quatre pièces qui suivent donnent sur
l'érection du monument de Brou des détails curieux qui n'étaient point connus; elles sont tirées
des anciennes archives de Flandre, déposées à
Lille; le docteur Le Glay, habile archéologiste
auquel ce dépôt est confié, en a extrait un premier volume de pièces qui intéressent l'histoire,
la littérature, les mœurs et coutumes anciennes,
et qu'il a publiées sous le nom d'*Annalectes
historiques.*

La Société des recherches sur l'histoire de
France en a fait imprimer deux autres qui ren-
ferment la correspondance de l'empereur Maxi-
milien avec sa fille Marguerite, sur toutes les
affaires du temps. La seconde publication n'offre
rien qui concerne spécialement notre pays; mais

1

la première contenait les quatre pièces qui suivent : elles consistent en trois lettres et un
marché pardevant notaire pour le modèle du
mausolée du duc Philibert. Les lettres sont de
Jean Lemaire, qui eut dans le temps une très-
grande réputation : poète, historien, romancier,
théologien (1), il était *indiciaire*, soit historiographe de Bourgogne, lorsque l'empereur Maxi-
milien confia à sa fille, devenue veuve, le gouvernement des Pays-Bas : Marguerite se l'attacha
plus particulièrement comme *solliciteur* de ses
édifices, titre qui correspondrait à celui d'inten-
dant des bâtimens ; c'est en cette qualité qu'il
était chargé par elle des soins les plus importans
que demandait la construction des édifices, et
particulièrement de l'église de Brou ; c'était donc
à lui à conclure les marchés avec les artistes choi-
sis pour y travailler.

Nous allons donner le texte des deux premières
lettres, ainsi que celui du marché fait pour les
mausolées ; nous nous bornerons à extraire de la
troisième lettre les passages qui ont rapport à
notre sujet.

(I) Plusieurs de ses ouvrages sont devenus rares et
sont très-recherchés par les bibliophiles.

I.

1511 , 22 nov., à Tours.

Très haulte, très excellente princesse et ma très redoublée dame, le plus humblement que faire puis, à votre bonne grâce me recommande.

Madame, j'ai reçeu deux lettres qu'il a pleu à votre haultesse m'escripre, l'une par mon serviteur, auquel de votre grace avez fait donner dix philippus d'or, et l'autre, depuis, par le serviteur du maître des postes, par lequel serviteur nommé Gilles Moreau, lequel a fait grande et féalle diligence de me venir trouver à Tours et a bien desservi d'estre récompensé, j'ay reçeu la somme de cent quarante-deux florins d'or et XXIIII sols de monnoye. Mais par deçà il y aura perte pour le moins de V deniers par pièce. Et reviennent lesdicts florins, selon la calculation de par delà, à la somme de II livres de XV gros.

Laquelle somme, Madame, il vous a pleu ordonner pour contenter maistre Michel Coulombe, tailleur d'ymaiges, touchant l'ouvraige des patrons de vos édifices. Et vous a pleu me faire cest honneur que de vous fyer de ma petitesse et n'aviez volu envoyer autre controlle. Ce que toutes voies j'eusse bien désiré pour estre présent à la distribution dudit argent et satisfaction de

vos ouvriers, chacun pour sa ratte (1); car vous
en avez par deça quatre; c'est assavoir le très bon
ouvrier maistre Michiel Coulombe et trois de ses
nepveux. Ledit Coulombe est fort ancien et pe-
sant : c'est assavoir environ de IIIIxx ans, et est
goutteux et maladif, à cause des travaulx passez,
par quoy il fault que je le gaigne par doulceur et
longanimité; ce que je fais et feray jusques à par-
faire. Le bonhomme rajouenist pour l'honneur
de vous, Madame, et a le cuer a votre besoigne,
autant ou plus qu'il eust oncques à autre. Et
quand je pourray avoir tiré receu de ses mains,
je vous asseure, Madame, que vous aurez un des
plus grands chiefs d'œuvre qu'il fit oncques en sa
vie. Car vous verrez la sépulture de feu Monseigneur en toute perfection, comme elle sera. Se
gisant aura ung pié et demy de longueur, les
vertuz demy pié; et toutes les autres imaiges à la
correspondance; et la massonnerie qui sera grand
chose en toute perfection, comme se vous la
voyiez en grand volume. Tellement que les ouvriers qui besoigneront après seront tenus de l'en-
suivre à toute righeur, en réduisant le petit pié
au grand.

(I) Chacun ce qui lui revient, *pro ratá suá*. Le mot
rate ou *ratte* a disparu de la langue, et on y a substitué
l'expression barbare *prorata*.

Et vous asseure, Madame, que vous trouverez
que je n'auray pas mal employé votre argent ; car
vous estes servie de cuer de toutes parts; et cer-
tainement l'argent est venu à point à mon grand
besoing ; car j'estois au bout de mon rolle et crai-
gnoie beaucop d'avoir honte et disette ; ce que
votre très noble cuer ne pourroit souffrir.

Madame, le bonhomme Coulombe demandoit
termes jusques à Pasques, à cause de la pesanteur
de l'œuvre et aussi pour l'indisposition de sa personne et du temps ; mais je feray tant que je ré-
duiray lo tout à trois mois.

Et cependant, je vous yray faire la révérence
et vous porteray de beaux présentz et bien agréa-
bles, au plaisir de Dieu ; mais ce ne sera point
que je n'aye veu la besoigne en train et donné
ordre qu'elle se parface, et que l'un ou deux des
nepveux dudit bonhomme Coulombe, la vous
porte par delà, affin que vous l'entendez par le
menu.

Madame, lesdicts deux nepveux sont ouvriers
en perfection comme héritiers de leur oncle, l'un
en taille d'ymaigerie, l'autre en architecture
et massonnerie, et n'y a gens nulle part, que je
sache, qui mieulx reduisent une besoigne en grand
volume que eulx deux. Et je les ay gaignez.

Touchant votre albastre, Madame, ce présent
porteur en a bon mis en œuvre et poly en grand

volume. Et vous en dira ce qui en est. Aussi je vous en porteray une piece mise en œuvre du bonhomme Coulombe.

De vous en escripre plus avant, il sembleroit que je le feisse à ma louenge, pour ce que j'ay retrouvé la perrière ; mais tant y a que c'est le plus bel albastre du monde et le plus approuvé. Ny en Espaigne, ny en Italie, ny en Engleterre, n'en y a point qui l'aproche en bonté, beauté et polissement.

Madame, tout le monde vous bényt et loue, et esmerveille d'avoir entreprins une si grande euvre, là où une très haulte magnanimité se montre et se déclaire. J'ay le tout monstré à l'embassadeur de l'empereur, et est le tout parvenu aux oreilles du roy et de la royne. Et vous asseure, Madame, par le serment que j'ay par trois fois à votre haultesse que on ne l'estime point autrement que le plus grand chief d'euvre qu'on faira ès parties par deçà.

Madame, je prie à notre Seigneur qu'il vous doint très bone vie et longue. Escript à Tours le XXIIe jour de novembre l'an mil V^e et onze. Votre très humble indiciaire, esclave et serf.

LEMAIRE (1).

(I) Cette signature ne forme qu'un seul mot, con-

Au dos est écrit : *A ma très redoubtée et sou-
veraine dame Madame Marguerite, archiduchesse, duchesse et comtesse d'Austriche et de
Bourgogne.*

(*Original autographe de la Chambre des Comptes à Lille.*)

II.

1511, 3 décembre.

Je Michiel Coulombe, habitant de Tours et
tailleur d'ymaiges du roy nostre sir, tant en
mon propre et privé nom, comme ès noms de
Guillaume Reynault, tailleur d'ymaiges, Bastyen
François, *maistre masson* de l'église de Sainct
Martin de Tours, et François Coulombe, *enlumineur*, tous trois mes nepveux, confesse, pro-
mect, affirme et certifie en foy de loyal preu-
d'homme les choses qui s'ensuivent estre véri-
tables tant pour le présent et passé que pour
l'advenir; et ce pour la descharge et acquit de
Jan Lemaire, indiciaire et solliciteur des édifices
de très haulte et très excellente princesse, Madame Marguerite, archiduchesse d'Austriche et

trairement à l'usage adopté par tous les bibliographes
qui ont parlé de notre indiciaire.

de Bourgoigne, duchesse douairière de Savoye
et comtesse palatine de Bourgoigne.

C'est assavoir tout premièrement je confesse ès
noms que dessus, avoir eu et receu de ma dicte
dame par les mains de son dit indiciaire Jan Lemaire la somme de quatre vingtz quatorze florins
d'Allemaigne à vingtz sept solz six deniers tournois
pièce, qui reviennent à la somme de six vingtz
huyt livres treize solz tournois monnoie du roy,
présentement courant. Et ce pour noz peines,
labeurs et salaires de faire la sépulture en petit
volume de feu de bonne mémoire, Monseigneur le
duc Philibert de Savoye, mary de ma dicte dame,
selon le pourtraict et très belle ordonnance faicte
de la main de maistre Jehan Perreal de Paris,
peinctre et varlet de chambre ordinaire du roy,
nostre dit seigneur ; de laquelle somme de quatre
vingtz quatorze florins d'or d'Allemaigne reve-
nans à ladite somme de six-vingt huit livres XIII
sols, je me tiens pour content et bien payé et en
présence, ès noms que dessus, les dis Jan Lemaire, solliciteur pour Madame, et tous autres
à qui il appartiendra. Et de laquelle sépulture
je, Michiel Coulombe, dessus nommé, feray de
ma propre manufacture, sans ce que aultre y
touche que moy, les patrons de terre cuitte,
selon la grandeur et volume dont j'envoye à ma
dicte dame deux pourtraictz, l'un en platte

forme pour le gisant, l'autre en élévation; faiz
les diz patrons de la main desdis François Coulombe, enlumineur, et Bastyen François, masson,
mes nepveux. Et ledis Bastyen fera de pierre de
taille toute la massonnerie servant à la dicte
sépulture *en petit volume* par vrayz traictz et
mesures, tellement que en réduisant le petit pié
au grand, Madame pourra veoir toute la sépulture
de mondit feu seigneur de Savoye, dedans le
terme de Pasques, pourvu que aucun inconvé-
nient ou fortune ne surviengne audit Coulombe
durant ledit temps : et iceulx patrons je prometz
loyaument, à l'aide de Dieu, faire pour ung chief
d'œuvre, selon la possibilité de mon art et in-
dustrie.

Oultre plus, pour ce que ledit solliciteur Jan
Lemaire nous a affermé que Madame désire d'estre
servye en ses édiffices de gens meurs, graves, savans, seurs, certains, expérimentez, bien con-
dicionnez, et observans leur promesse comme
bien raison le veult, mesmement de ceulx que je
dessus nommez, assureray à madicte dame estre
telz; d'icy; et desja j'asseure et afferme que Guillaume Regnault, tailleur d'ymaiges, mon nepveu,
*est souffisant et bien expérimenté pour réduire
en grant volume la taille des ymaiges* servant à
ladicte sépulture en ensuivant mes patrons; car il
m'a servy et aidé l'espace de quarante ans ou en-

viron, en tel affaire, en toutes grandes besoignes, petites et moyennes, que par la grâce de Dieu, j'ay eues en main jusques aujourd'huy et auray encoires et tant qu'il plaira à Dieu. Mesmement il m'a très bien servy et aidé en la derrenière euvre que j'ay achevée; c'est assavoir la sépulture du duc François de Bretaigne, père de la royne (1); de laquelle sépulture j'envoye ung pourtrait à Madame.

D'autre part ledit Bastyen François, gendre de mondit nepveu, s'afferme estre souffisant pour exploicter et dresser en grand volume les patrons de ladicte sépulture, quant à l'art de massonnerie et architecture. Lesquelz patrons seront faitz en petit volume de sa main propre.

En après lesdiz patrons achevez, dedans le terme de Pasques dessus dict, et iceulx estoffés de paincture blanche et noire, selon ce que la nature du marbre le requiert, par le dit Françoys Coulombe, enlumineur, la taulette de bronce

(1) François II, duc de Bretague, mourut le 9 septembre 1488. Anne, sa fille, qui fut depuis reine de France, lui fit ériger en 1507 un magnifique tombeau dans l'église des Carmes, à Nantes. Dom Lobineau, qui a inséré dans son *Histoire de Bretagne*, in-fol., I, 790, deux beaux dessins de ce mausolée, ne dit pas quel en en est l'auteur, mais tout le monde sait à Nantes et ailleurs que c'est Michel Colombe.

dorée et les lisières, armes fourries d'ermines,
carnations de visaiges et de mains, escriptures et
toutes autres choses à ce pertinentes fournies,
selon que le devoir le requiert ; je dessoulz signé
prometz envoier lesdis Guillaume Regnault, mon
nepveu, et Bastyen François, son gendre, porter
ladicte sépulture en petit volume à Madame,
quelque part qu'elle soit, dedans le terme de la
Purification de Notre-Dame.

*Ensemble l'élévation de la platte forme de
son église,* mesmement *touchant la sépulture
des deux princesses, dont nous avons les pour-
traitz et tableaux, faitz de la main de Jehan
de Paris;* et aussi ledit Bastyen Françoys portera
la *montée de l'élévation du portal et des arcz
boutans par dehors;* pour lesquelles choses estre
faictes par les dictz Bastyen François, j'*ay retenu
le double de la platte forme de la dite église du
couvent de Saint-Nicolas* de Tolentin lez Bourg
en Bresse, *icelle platte forme faicte et très bien
ordonnée sur le lieu, mesurés de la main de
maistre Jehan de Paris, avec l'advis, en présence de maistre Henriet et maistre Jehan de
Lorraine, tous deux très grans ouvriers en
l'art de massonnerie.*

Et quant les dits Guillaume et Bastyen, mes
nepveux, auront présenté la dite sépulture en
petit volume à ma dicte dame, et icelle dressée en

sa présence et déclairé toutes les circonstances et dépendances d'icelle, s'il plait à Madame, j'entreprendray volontiers la charge et marche d'icelle *faire réduire en grant volume par ledit Guillaume, tailleur d'ymaiges, et Bastyen, masson.* Lesquelz j'envoiray sur le lieu dudit couvent lez Bourg en Bresse, avecques *Jehan de Chartes*, mon disciple et serviteur, lequel m'a servy l'espace de dix-huit ou vingt ans et maintenant est tailleur d'ymaiges de Madame de Bourbon, et aussi aultres mes serviteurs dont je respondray de leur science et preudomie, et dont je ne penseray avoir honte ne dommaige.

Et ce, pour autant que à cause de mon aige et pesanteur, je ne me puis transporter *sur ledit lieu personnellement;* ce que aultrement j'eusse fait voulentiers pour l'honneur, excellence et bonté de la dicte très-noble princesse.

Et pour ce faire, si le cas advient que Madame soit conseillée d'exécuter sa bonne intencion par le labeur de moy et des miens, d'icy et *desja j'advoue, ratifie et tiens à bons, fermes et approuvez tous les marchez que lesdiz Guillaume, tailleur* d'ymaiges et son gendre, masson, feront avec ma dicte dame en mon nom et au leur, *touchant ladicte sépulture et autres choses concernans notre art d'ymaigerie et architecture,* comme se moy-mesmes y estoie présent; et à leur

partement leur en feray procuration expresse, se
besoing fait, ce que je faiz desja.

Et affin que le voiaige du pays de Flandres
encoires incongneu à mes dits nepveux, leur soit
plus seur et plus certain, est moyenné que Jan
Lemaire nous laisse ou envoie icy ung solliciteur
et guide pour conduire jusques-là mes dits nepveux; c'est assavoir son nepveu Jehan de Maroilles
ou son serviteur Jehan Poupart. Et avons convenu
avec le dit Jehan Lemaire que chacun de mes dits
nepveux aura par jour, compté depuis leur partement de cette cité de Tours, dont je feray certiffi-
cation par mes lectres jusques à leur retour, la
somme de v philippus d'or, vallant xxi sols tournois, sauf ce qu'il plaira mieulx tauxer à Madame
et recognoistre leurs labeurs et diligences, comme
moy et les miens avons parfaite confiance en son
excellence très renommée, laquelle nous tous
désirons servir de bon cueur, s'il lui vient à plaisir.

Au surplus, le dit Jan Lemaire nous a apporté
une pièce de *marbre d'albastre* de Saint-Lothain
lès-Poligny en la comté de Bourgoigne, dont il a
nouvellement descouverte la carrière ou per-
rière. Laquelle, comme nous avons entendu par
certaine renommée, a autrefois *esté en grant*
bruit et estimation, et en ont esté faictes aux
chartreux de Dijon *aucunes des sépultures de*
feuz messeigneurs les ducz de Bourgoigne, mes-

mement par mestre Claux et mestre Anthoniet,
souverains tailleurs d'ymaiges, dont je, Michiel
Coulombe, ay autreffois eu la congnoissance ; et
à la requeste dudit Jan Lemaire, *ay taillé de ma
propre main ung visaige de saincte Marguerite;* et mon nepveu Guillaume l'a poly et mis
en euvre, dont je faitz ung petit présent à madicte
dame et luy prye qu'il luy plaise le recevoir en
gré.

Certiffiant et affirmant que, *pourveu que ladicte pierre soit* tirée en bonne saison, et les
ancyens bancz découvertz avec grand et ample
descombre fait sur le bon endroit, c'est très bon
et *très certain marbre d'albastre, très liche et
très bien polissable en toute perfection et ung
trésor trouvé* au pays de ma dicte dame, sans
*aller cuérir autre marbre en Ytalie ny ailleurs;
car les aultres ne se polissent point si bien et
ne gardent point leur blancheur; ains se jaulnissent et ternissent à la longue.*

Toutes lesquelles choses dessus dictes je confesse, prometz, afferme et certiffie estre vrayes
et ainsi que dessus promises, asseurées et conven-
tées entre ledit Jan Lemaire, solliciteur pour
Madame, et moy; tesmoing mon seing manuel
cy mis le troisième jour de décembre l'an mil
cinq cens et unze.

Et pour nostre seurté d'un costé et d'autre, ay

requis à saige et discret homme Mace Formon,
notaire roïal et personne publique, cytoien de
Tours, soubz scripre et soubz signer avec moy.

Parcillement ledit Jan Lemaire, notaire impé-
rial et solliciteur pour ma dicte dame, a soubz
script et soubz signé, en tesmoignaige de vérité
et soubz les obligacions et soubzmissions néces-
saires d'une part et d'autre, mesmement de la
part dudit Lemaire, touchant la promesse et
asseurance du paiement du voiaige de mesdiz
nepveux, et entant que en lui est, de adresser
les marchez à l'honneur et prauffit de madicte
dame et de moy son très humble et très obéis-
sant serviteur. (Suivent les signatures.) M. Colombe (1). Formon, Lemaire, indiciaire, de
Belges.

(Original en parchemin. Ch. des Comptes de Lille.)

III.

Dans une troisième lettre datée de Blois, 28
mars 1511, JEAN LEMAIRE écrit ce qui suit à LOYS

(I) Michel Colombe, qui paraît avoir eu une grande
part aux travaux de sculpture qui ont été exécutés pour
l'église de Brou, n'est nommé uulle part dans l'ouvrage
du P. Rousselet, intitulé : *Histoire et description de
l'église royale de Brou*, 3ᵉ édition in-12, Bourg, 1826.

Barangier, maître des requêtes et secrétaire de Marguerite d'Autriche :

« A la mesme heure que j'ay receu vos lettres, je délibéroie lui escripre (à Marguerite) des marchiez convenus entre maistre *Jehan de Paris* et *maistre Michiel Coulombe, entre lesquels j'ay esté moyenneur et solliciteur... Ledit seigneur, maistre Jehan de Paris, lui escript au long de ses affaires de par deçà.... J'avois escript unes lettres responsives à celles de Madame et aux vostres, tant au nom de maistre Jehan de Paris, comme au mien.* »

IV.

1512. 14 mai, à Blois.

Très haulte, très excellente princesse et ma très redoubtée dame, le plus très humblement que faire puis, à votre bonne grâce me recommande. Madame, ce qui me fait enhardir de vous escripre, ce sont les lettres de votre premier secrétaire, Me Loys Barangier, lequel me mande que Votre Excellence n'a point prins mal mes derrenières lettres, dont, Madame, je vous mercie en toute parfonde humilité.

Madame, j'estime que votre haulte vertu a cogneu le contraire des faulx rapports qui vous

ont esté faits contre mon innocence. Et cy-après
encoires le cognoistrez-vous mieulx, à l'aide de
Dieu ; car la royne m'a commandé compiler les
croniques de sa maison de Bretaigne ; et pour ce
faire m'envoye expressément par tout le pays de
Bretaigne, affin que je m'enquière par les vieilles
abayes et maisons antiques de toute l'histoire
britannicque, laquelle encoires n'a été mise en
lumières, entièrement jusques à ores que je l'ay
entreprinse. En quoi faisant, il est bien force que
de Votre Excellence soit faite ample mention,
dont je m'acquiteray à mon pouvoir, comme vray
subject, serviteur et tenu ; et je scay bien qu'il
plaira bien à la royne, laquelle par vos lettres
m'avez commandé bien servir.

Madame, votredit premier secrétaire m'escript
que, par la première poste, avez ordonné d'*envoyer de l'argent à maistre Jean de Paris votre
painctre, auquel j'ay baillé tout ce que j'ay
peu recouvrer des patrons faicts de la main du
bonhomme maistre Michiel Coulomb* (1). Et
ledit maistre Jean de Paris a estoffé lesdits patrons
de couleurs, qui est ung grand chief d'euvre,
comme vous pourra dire ce présent porteur qui
les a veuz. Et les a estoffés ledit de Paris bien

(I) Il semble résulter de ces mots que Michel Colomb
était mort à l'époque ou la lettre fut écrite.

voulentiers, à cause que François Coulombe, nepveu du bon maistre, est allé à Dieu ; lequel François Coulombe, enlumineur, avoit receu de votre argent dix florins d'or par mes mains pour ce faire. Ainsi vous avez perdu ledit argent. Mais c'est aumosne de le lui donner après sen trespas ; par quoy, Madame, je n'ay pas volu poursuivre sa femme, ne ses héritiers de fournir et parachever, ce qu'ils debvoient faire pour le trespassé, voyant qu'il y avoit pitié en eulx. Et pour ce, Madame, il vous plaira avoir regard *aux labeurs et diligences dud. de Paris qui vous sert de bon cuer et accomplit ce dont les autres estaient paiés, non seulement en ce, mais en toutes autres choses.*

Madame, quand il vous plaira envoyer de l'argent audit maistre Jean de Paris, je vous supplie qu'il vous plaise ne m'oublier, touchant ce qui m'est deu, qui est peu de chose au regard de Votre Excellence et beaucoup pour moy.

Et d'avantaige, Madame, pour aucune récompense de mon petit service plus honnourable que prouffitable, je vous faiz très humble requeste que il vous plaise me continuer l'auctorité que m'avez donnée, par mandement patent, de *traire le marbre d'albastre qui sera nécessaire, tant pour la fourniture des sépultures et autres euvres de vos édiffices, comme pour ce qu'il s'en*

pourra cy-après et prouchainement faire grande
traicte en France. Car elle se commence fort à
cognoistre , depuis que je t'ay descouverte ; la-
quelle chose sera honneur à votre haultesse et
me tournera à quelque prouffit sans votre cous-
tence. Et, Madame, certes ja soit or que je de-
mourasse au fin fons de Bretaigne, si ne me
sauroie-je passer que une fois l'an, je n'aille veoir
votre édiffice dont j'ay eu grand sollicitude ; et il
vous plaira toujours me donner ceste audace et
licence ; car la besoigne n'en vauldra pas pis.

Madame, je vous envoie XXIIII coupletz que
j'ay faictz pour la convalescence de la royne ; je
scay que ne les verrez pas envis (1), car vous
aymez ladicte dame et elle, vous. J'antends que
vous avez créé ung nouvel indiciaire nommé
maistre Remy Bourguignon (2). Toutes et quantes
fois qu'il vous plaira me commander que tout ce
que j'ay faict et recueilly servant audit office et à
l'honneur de vous, Madame, et de votre maison
très-illustre, je le vous envoierai et lui servira de

____

(1) *Envis*, avec peine, avec dégoût, *invite*.
(2) Il s'agit ici de Remi du Puys, qui a succédé à
Jean Lemaire dans l'emploi d'historiographe de la princesse. J'ai donné dans les *Archives du Nord* quelques
éclaircissemens sur cet écrivain, presque ignoré jusqu'ici.

beaucop. Car vous ny autre ne veistes jamais la
moitié des choses que j'ay faictes à l'honneur de
Votre Excellence ; et se elles ne sont achevées, si
sont elles bien pourgettées ; mais ès mains d'autre
que vous, Madame, jamais ne les délivreray. Et
s'il vous plaît, par celui qui viendra quérir les
patrons, m'en ferez sçavoir votre intention.

Madame, *en ensuivant les lettres que derniè-*
rement je vous escrivis, quand il vous plaira
envoyer quérir lesdits patrons, il me semble
que, pour le bien de l'œuvre, il seroit bon d'envoyer par deça ung homme bien entendu et qui
vous sceut rapporter ce qui est de mestier, *tou-*
chant l'œuvre et les marchiez, tant de bouche
comme par escript, et mesmement les intentions
des deux principaulx maistres, Michiel Cou-
lombe et Jean de Paris, avecques ce que j'en
ay aprins de ma part.

Très haulte, très excellente princesse et ma très
redoubtée dame, je prie au benoit filz de Dieu
qu'il vous doint très bonne vie et longue. Escript
à Blois, au jardin du roy, le XIIIIᵉ jour de may
l'an mil Vᶜ et XII.

Votre, etc.,

LEMAIRE, *indiciaire.*

Au dos est écrit : *A très haulte, très excellente*

princesse et ma très redoubtée dame, Madame,
à Bruxelles.

(*Original autographe. Chambre des Comptes de Lille.*)

Avant de tirer les conséquences que nous fournit
le contenu de ces différentes pièces, il nous semble
à propos de les analyser dans leurs détails les plus
importans.

Et d'abord on conçoit difficilement à un e première lecture, même attentive, les choses qu'on
a voulu exprimer, soit à cause du vieux langage,
soit parce que les mots ont changé de signification.

La première lettre est écrite le 22 novembre
1511, et les fondations du grand édifice avaient
été jetées neuf mois auparavant, dans le courant
d'avril; elle est écrite de Tours, où Jean Lemaire
s'était rendu pour conclure avec l'habile sculpteur Michel Colombe, un marché pour l'exécution des mausolées de Brou. Ce sculpteur,
connu sous le nom de Michel Colombe dans l'*His-*
toire de Touraine de Chalmel, est le plus habile
artiste qu'ait produit l'école de Tours, école d'où
la France tirait en grande partie les nombreux
sculpteurs qui décoraient les églises en construction à cette époque. Colombe, lorsqu'il passa sa
convention, venait d'achever le célèbre mausolée
de François II, duc de Bretagne, à Nantes. Parmi

ses autres ouvrages, on ne connaît qu'une statue de
saint Maur pour l'église de Tours, et un bas-relief
en marbre blanc, représentant la mort de la
Vierge, pour celle de Saint-Saturnin. Il a fait
sans doute un grand nombre d'autres ouvrages,
mais qu'on ne lui attribue pas ; on avait même
presque oublié son nom comme auteur du mausolée de Nantes, car la plupart des descriptions
de ce monument ne le nomment pas ; mais les
pièces que nous publions constateront au besoin
ce fait de la manière la plus précise. Colombe
avait un grand atelier et de nombreux élèves,
parmi lesquels on cite trois de ses neveux ; il
est donc certain qu'il a dû produire un grand
nombre d'ouvrages ; et il a travaillé pendant une
bien longue vie, puisqu'à l'époque du marché
de Brou, il avait quatre-vingts ans ; et son talent
s'était bien soutenu, puisque le beau mausolée de
Nantes était sa *dernière œuvre*, ainsi que cela
est exprimé dans le marché. Lemaire attachait
beaucoup de prix à l'employer pour la princesse,
puisqu'il annonce qu'il a cherché à le ménager
et à le gagner *par douleeur et longanimité*, et il
resta à Tours jusqu'à ce qu'il eût vu la besogne en
train. Colombe devait faire les modèles *en terre
cuite ; le corps du duc gisant*, dit-il, *aura dans
le modèle ung pié et demy de longueur et les
vertuz demy pié, et les autres imaiges à la cor-*

respondance ; et la massonnerie qui sera grand
chose en toute perfection, comme se vous la
voyiez en grand volume ; les ouvriers qui l'exé-
cuteront n'auront plus qu'à réduire le petit pié au
grand ; l'un de ses deux neveux devra conduire,
sous le terme de trois mois, le modèle complet à
Marguerite, et tous trois s'engagent auprès de
Lemaire pour l'exécuter en grand. Lemaire envoie encore à la princesse un échantillon de marbre blanc de Saint-Lothain-les-Poligny dont il a
retrouvé la carrière ; et il déclare ce marbre su-
périeur en bonté, beauté et polissement, à tous
ceulx qui se trouvent ailleurs ; il portera lui-
même à la princesse un morceau de ce marbre
travaillé par Colombe.

La seconde pièce est le marché conclu devant
Mace Formond, notaire à Tours, entre Jean
Lemaire et Michel Colombe, et signé par eux. Par
ce marché, Colombe, tant en son nom qu'en celui
de ses trois neveux, déclare avoir reçu 94 florins
d'or pour le modèle en petit du mausolée du duc
Philibert, qu'il exécute suivant le pourtraict et
très belle ordonnance faite de la main de Jean
Perréal de Paris, peintre du roi Louis XII ; il
s'oblige à faire les modèles des statuettes en terre
cuite et celui du tombeau en pierre, et à les envoyer à la princesse avant l'époque de la Purification de Notre-Dame ; il lui offre ses neveux.

avec lesquels il vient d'exécuter le mausolée du
duc François de Bretagne, pour *réduire du petit
pié au grand* les statues et l'ensemble du monument; il devra envoyer en même temps *l'élévation
de la plate-forme de l'église de Brou, et mesmement touchant la sépulture des deux princesses
dont nous avons les portraitz et tableaux faitz
par Jehan de Paris;* il envoie en même temps
l'élévation du plan de son église, et particulièrement de son *portal et ses arcz boutans, pour
lesquelles choses estre faictes par lesditz Bastien
François;* il déclare conserver le double *de la
plate-forme,* soit plan de l'église de Brou, *icelle
plate forme faicte et très bien ordonnée sur le
tieu, mesurée de la main de Jehan Perreal de
Paris, avec l'advis et en présence de maistre
Henriet et maistre Jehan de Lorraine, tous
deux très grans ouvriers en l'art de massonnerie;* il offre encore à Marguerite de faire exécuter le mausolée en grand, par ses neveux et
Jean de Chartres, *son disciple,* qui travaille avec
lui depuis long-temps, et qui viendront *sur les
tieux* et non lui-même, attendu que la *pesanteur
de l'âge* ne lui permet pas de s'y transporter.

Il déclare ratifier tout marché que ses neveux
feront avec la princesse sur ledit monument, et
*sur tout aultre chose concernant l'art d'ymai-
gerie et d'architecture;* enfin il adresse à la

princesse *un visaige* de sainte Marguerite en
marbre blanc de Saint-Lothain, qui a servi à
faire les tombeaux des ducs de Bourgogne, aux
Chartreux de Dijon; et il affirme ce marbre *estre*
très bon, très polissable, et préférable aux mar-
bres d'Ytalie qui ne se polissent pas si bien, ne
gardent point leur blancheur, ains se ternis-
sent et jaulnissent à la longue.

La troisième pièce est une lettre que Jean
Lemaire écrit à Loys Barangier, secrétaire de
Marguerite d'Autriche, pour se disculper de l'ac-
cusation dont on le chargeait, d'avoir dans ses
ouvrages peu ménagé la princesse; il voulait lui
écrire lui-même sur les marchés convenus entre
maître Jean de Paris et maître Michel Colombe,
et pour lesquels il a servi de *moyenneur,* soit
intermédiaire, mais il s'en rapporte aux lettres
qui ont été écrites fort *au long* sur ce sujet à
la princesse par Jean de Paris lui-même; il annonce encore lui avoir écrit, tant au nom de
Jean de Paris qu'au sien, des lettres dont
on ne lui a point accusé réception; la date
de cette lettre est presque illisible, mais elle
est évidemment postérieure à celle qui pré-
cède, parce que les marchés de Jean de Paris
avec Colombe sont postérieurs à ceux faits par
Jean Lemaire avec le même artiste; d'ailleurs à
cette époque Lemaire paraît avoir déjà quitté le

service de la princesse, pour passer en même
qualité, c'est-à-dire comme *indiciaire* ou historiographe, à celui d'Anne de Bretagne, alors
reine de France.

La quatrième pièce est une lettre du 23 mai
1512, de Lemaire à Marguerite d'Autriche, pour
la remercier d'avoir repoussé les calomnies diri-
gées contre lui. Il lui annonce qu'il a remis
à Jean de Paris *tout ce qu'il a pu recouvrer* des modèles faits par Michel Colombe, et
que Jean de Paris les a *coloriés* de sa main, travail qui devait être fait par François Colombe
neveu, mort après en avoir reçu le paiement ; il
engage encore la princesse à envoyer, pour chercher les modèles, un homme entendu qui puisse
apprécier et recueillir, tant par écrit que de vive
voix, tous les renseignemens sur les travaux, les
marchés et les intentions des deux principaux
maîtres, Michel Colombe et Jean de Paris, comme
encore tous les détails qu'il pourra lui-même lui
transmettre.

I.

Après cette analyse des pièces qui précèdent,
voyons quelles sont les inductions qu'on peut en
tirer. Nous remarquerons d'abord qu'il en est de
l'église de Brou, comme de la plupart des grands
édifices religieux du moyen-âge ; les noms des

architectes qui ont donné le plan de l'église et des
principaux artistes qui ont dirigé sa construction
et celle des monumens qui y ont été élevés, sont
à peine connus; dans ces temps de foi et d'en-
thousiasme religieux, les grands comme les petits,
les riches comme les pauvres, les savans comme
les ignorans, l'architecte comme le simple ouvrier, tous pénétrés de la pensée du grand Etre en
l'honneur duquel s'élevait le monument, et sou-
tenus dans leur travail par l'espoir des récom-
penses qu'ils en attendaient dans une autre vie,
tous, disons-nous, arrivaient pour se dévouer au
grand œuvre. Ces immenses constructions étaient
en quelque sorte les monumens d'un pays entier,
où chacun confondait son nom et ses efforts, sans
songer à la postérité.

Pour récompense de ce beau dévoûment, cette
postérité qu'on a dédaignée doit faire ses efforts
pour retrouver les noms des hommes modestes
qui ont ainsi consacré leur vie et pour remplacer
par des faits précis les légendes que dans chaque
pays la tradition conserve sur ce sujet.

L'historien de Brou, prieur du couvent, qui
écrivait au milieu des archives de l'établissement,
et qui avait sous sa main des volumes de détails,
de comptes de journées, de noms d'ouvriers,
annonce positivement *que les mémoires qu'il a
entre mains sont si imparfaits, principale-*

ment sur le fait des artistes, qu'il avait pensé à supprimer cet article. Cela se conçoit; ces détails étaient conservés comme pièces justificatives par ceux qui étaient chargés de payer les ouvriers; mais toutes les pièces importantes étaient envoyées à la princesse en Flandre, ou remises au gouverneur qu'elle avait établi à Bourg. Rousselet nomme cependant *Wambogtem* comme principal architecte de l'édifice, *suivant les manuscrits les plus anciens;* puis admettant préférablement une tradition qui s'appuie sur quelques mémoires qui lui ont paru assez exacts, ce serait plutôt André Colomban; *tout au moins,* dit-il, *était-il le chef des ouvriers, parce que son nom est toujours en tête des leurs.* Il cite encore huit autres sculpteurs et Conrad Meyt leur chef, en désignant les ouvrages faits spécialement par chacun d'eux.

On doit regarder comme certain que tous ces noms conservés dans les états nombreux des journées et des travaux payés, ont appartenu réellement aux principaux ouvriers; mais les pièces que nous publions nous mettent, à ce qu'il semble, sur la voie pour retrouver les noms beaucoup plus importans des artistes auxquels seraient dus le plan de l'église et les premiers dessins et modèles qui ont servi à établir les mausolées.

Ce n'est qu'en conservant encore beaucoup de

doute que le P. Rousselet nomme Wamboglen et
Colomban comme premiers architectes ; mais les
renseignemens que nous pouvons tirer des pièces
qui précèdent sont, il nous semble, assez précis,
pour pouvoir arriver à connaître d'une manière
plus certaine le premier auteur, le créateur du
plan de l'église, auquel seraient peut-être dus
encore les dessins sur lesquels les mausolées auraient été composés.

Et d'abord, les pièces que nous reproduisons ont
la plus grande authenticité ; ce sont trois lettres
autographes et un marché authentique conservés
dans les anciennes archives du gouvernement de
Flandre à Lille, que personne n'a jamais pu avoir
intérêt d'altérer. La pièce principale, le marché,
est un traité fait à Tours devant un notaire, et signé
par toutes les parties ; il est donc impossible de ré-
voquer raisonnablement en doute les faits qui
y sont annoncés ; ainsi il résulterait, à ce qu'il
nous semble, du texte même du marché, que
Jean Perréal de Paris, peintre du roi Louis XII,
aurait fait *sur les lieux* le plan de l'église et de
sa façade, de *l'advis et en présence de maistre
Henriet et de maistre Jehan de Lorraine, tous
deux très grans ouvriers en l'art de massonnerie ;* et on voit même que Michel Colombe re-
tient le double de ce plan, dont il avait besoin
pour la disposition et les dimensions des mauso-

lées. Le mot *plate forme, forme plate,* que nous traduisons ici par plan, ne peut pas avoir d'autre signification. D'ailleurs ce sens est d'accord avec l'ancien langage : ainsi Moréri, quoique se rapprochant de nous, se sert encore de l'expression de *plate peinture* pour désigner un travail représentant sans relief un objet quelconque ; et puis, dans le même traité, Michel Colombe envoie deux portraits, l'un en plate forme pour le *gisant* et l'autre en élévation, qui signifient bien évidemment un premier dessin qui représente le duc couché et mort, et un deuxième qui le représente vivant, comme cela a lieu dans le mausolée exécuté. Le mot plate-forme signifie donc bien précisément dessin, et le dessin d'un édifice *mesuré de la main, fait et très-bien ordonné sur les lieux,* ne peut être autre chose que son plan ; et on attache à ce plan, comme cela convenait, une grande importance, puisqu'on fait aider et *adviser* Jean Perréal qu'on fait venir de Paris, par deux architectes en réputation, maître Henriet et maître Jean de Lorraine, étrangers aussi au pays, *tous deux très-grands ouvriers en l'art de maçonnerie.* Les mots *maçon, maçonnerie,* répondent évidemment à ceux d'architecte, d'architecture, et se prennent l'un pour l'autre ; comme on peut le voir à quatre ou cinq endroits du traité et des lettres. Jean de Paris est donc bien évidemment l'auteur d'un plan de l'église de Brou.

Maintenant ce plan fourni par Jean de Paris, a été exécuté, n'a point été remplacé par un autre; puisqu'on s'en sert au mois de décembre pour asseoir la place des mausolées, quand déjà depuis neuf mois, dès le mois d'avril, il était en voie d'exécution; et au mois de mars de l'année suivante, on continuait de l'exécuter, puisque la deuxième lettre parle des marchés convenus entre Jean de Paris, son auteur, et Colombe, dont Jean Lemaire a été *moyenneur et solliciteur;* elle parle aussi de la correspondance fréquente que Jean de Paris entretient avec la princesse, sans doute pour lever toutes les difficultés qu'on rencontrait dans l'exécution du plan. De nouveaux marchés pour Brou, que nous ne connaissons pas, ont donc été faits entre Jean Perréal et Michel Colombe; Jean Perréal avait donc la direction suprême de l'édifice, puisqu'il passait les marchés au nom de la princesse, et au lieu de Jean Lemaire qui était passé au service d'Anne de Bretagne, reine de France.

La troisième lettre, du 14 mai 1512; annonce la suite de la correspondance de la princesse avec Jean de Paris, qui lui écrit *fort au long de ses affaires par deçà.*

Il nous semble donc qu'on doit conclure de ces

détails, que c'était le plan de Jean de Paris qu'on suivait pendant la construction, et rien ne prouve que plus tard ce plan ait été abandonné; mais il serait probable qu'en l'absence de Jean de Paris, premier ordonnateur, Wamboglem et Colomban auraient été chargés de diriger des parties spéciales de travaux : le nom de Colomban qu'on rencontre souvent placé en tête de ceux des ouvriers, le suppose payé comme eux à la journée, comme leur chef sans doute, mais n'annonce certes pas la position de premier architecte de l'édifice.

D'autre part, on voit, dans les détails précités, que Wamboglem n'avait que 8 sous par jour, et encore lorsqu'il assistait au conseil; pendant qu'on donnait 4 sous 2 deniers aux bons ouvriers sculpteurs et maçons; il était donc homme habile et homme consulté; mais n'était pas traité comme premier architecte, qui ne se paie qu'en masse sur l'ouvrage fait, et non par jour comme un ouvrier.

Il est bien probable que Jean Perréal allait aussi de temps en temps présider à l'exécution de son plan, c'est ce qui motivait ses fréquentes correspondances avec la princesse, toujours éloignée, et à Bruxelles ou Malines, dans son gouvernement de Flandre; mais son traitement et sa rémunération lui venaient immédiatement d'elle ; son nom par conséquent n'a pas dû être compris dans les détails de comptes locaux conservés dans les archives de Brou : la preuve d'ailleurs s'en trouverait, au besoin, dans la troisième lettre où Lemaire, tout en rappelant à la princesse qu'elle vient d'envoyer de l'argent à Jean de Paris, l'engage à avoir égard *aux labeurs et diligences dudit de Paris, qui la sert de bon cuer et accomplit ce dont les autres estoient paiés, non seulement en ce, mais en toutes choses ;* Jean de Paris, dans la seconde année de la construction, continuait donc encore de diriger les travaux de l'édifice.

Il paraît que pendant l'espace de temps que renferme cette correspondance, le talent de Jean Perréal, soit Jean de Paris, lui a fait acquérir de l'importance : dans la première, il est déjà désigné sous le nom de peintre du roi ; dans la dernière, on en parle avec des formules de respect, comme d'un homme devenu puissant, et on lui donne le nom de *contre-roleur*. Ses talens en architecture doivent faire conclure qu'il était chargé de l'inspection générale des bâtimens de la couronne sous le titre de *contre-roleur*, emploi qui s'est perpétué sous le même nom jusque sous Louis XIV.

3

II.

Quant aux auteurs des mausolées, il résulte bien du premier marché entre Jean Lemaire et Michel Colombe, que Colombe et son atelier ont fait en petit le mausolée du duc, et qu'ils devaient être chargés de celui des princesses; la seconde lettre de Lemaire parle de marchés faits entre Jean Perréal de Paris et Michel Colombe; elle apprend aussi que Jean Perréal a correspondu *fort au long* avec la princesse sur ce sujet : puisqu'un premier marché arrêtait la forme, la construction et les conditions de l'établissement des modèles du premier mausolée, en s'engageant implicitement à faire plus tard les mausolées des deux princesses, il est à croire que les marchés subséquens et la correspondance qui s'en est suivie ont dû régler les mêmes choses pour ces derniers. Michel Colombe aurait donc été l'auteur, sur les dessins peut-être encore de Jean de Paris, des modèles des deux autres mausolées. Maintenant Jean Lemaire dit, dans la troisième lettre adressée à la princesse, qu'il a envoyé à Jean de Paris *tout ce qu'il a pu recouvrer des patrons* des mausolées. Mais les modèles de celui du duc avaient, dès le premier marché, dû être livrés dix-huit mois auparavant; il s'agirait donc ici

des patrons des mausolées des deux princesses ;
il semblerait même que les modèles auraient été
finis, mais qu'il leur manquait, du moins en
partie, la peinture qu'a achevée Jean de Paris,
ainsi que l'annonce la lettre de Jean Lemaire. Le
travail, commandé et payé à l'atelier de Michel
Colombe, n'aurait donc pas été complètement
fini, et même il semblerait qu'à ce moment l'atelier lui-même aurait été presque dissous : le neveu
François Colombe était mort ; on ne parle pas, il
est vrai, de la mort de Michel ; mais à cette époque, s'il vivait, il avait quatre-vingt-deux ans, et
sans qu'il fût mort, son atelier a bien pu se dissou-
dre. Il est à regretter qu'on n'ait pas trouvé, ou du
moins publié les lettres intermédiaires qui auraient éclairci tous ces détails qui ne sont pas sans
intérêt pour notre monument.

Cependant cette école de Tours était nom-
breuse : Colombe, dans son marché, ne nomme
que ses neveux ; mais il offre de les envoyer avec
Jean de Chartres, son disciple, *ymaigier* de la
duchesse de Bourbon, *et aussi autres de ses serviteurs dont il respondra de leur science et
prudhomie ;* mais en perdant son chef, l'école
n'avait pas perdu tous ses hommes de talent,
puisqu'elle avait tout récemment produit le mausolée de Nantes qu'on estime comme son chef-
d'œuvre ; et cependant à cette époque Colombe,

âgé de quatre-vingts ans, n'a guère pu être que
le conseil de ses élèves.

Toutefois, il paraît que ces modèles, alors même
qu'ils n'avaient point été complètement finis,
ont servi pour l'exécution en grand des mausolées qui nous semblent présenter une grande
analogie de forme avec ce que les pièces nous
font connaître des modèles ; ainsi le marché annonce *deux pourtraictz du prince, l'un en
platte forme pour le gisant, et l'autre en élévation,* envoyés à la princesse : ce sont bien
évidemment deux dessins qui donnent l'idée, l'un
du corps du prince mort et couché sur la tablette
inférieure du mausolée, et l'autre du prince vivant
à genoux sur la tablette supérieure. On parle encore de petites statues représentant *les vertus* ou
génies, et d'*autres ymaiges à la correspondance,*
détails qui se rapportent tous à nos monumens.

Nous remarquons encore que le mausolée de
Nantes par Colombe, représente le duc et la duchesse couchés sur une tablette inférieure, et
ayant, le duc un lion, et la duchesse une levrette
à ses pieds, comme à Brou ; il s'y trouve aussi des
génies ou des anges, et enfin des galeries peuplées
de statuettes.

C'est donc la même pensée, le même artiste
qui a présidé à l'érection des mausolées de Brou,
comme de celui de Nantes ; c'est donc Colombe et

son atelier, auteurs de celui de Nantes, qui ont produit les modèles sur lesquels ont été exécutés ceux de Brou.

III.

Ce qui distingue cependant le monument de Nantes de ceux de Brou, c'est qu'il n'y en a qu'un pour le duc et la duchesse; la reine Anne, leur fille, les réunit dans un même mausolée, et voulut que son cœur y fût placé à côté d'eux. A Brou, le monument a été et devait être triple; ainsi, on y voit d'abord le mausolée de Marguerite de Bourbon qui avait fait le vœu de la construction, puis celui du duc Philibert, son fils, qui devait en être séparé, et enfin celui de Marguerite d'Autriche qui accomplissait le vœu et qui fut élevé deux ans après sa mort. On a fait occuper la place principale, celle du milieu du chœur, par le tombeau du duc; ceux des princesses sont placés sous l'aplomb des murs qui séparent la nef intérieure des nefs latérales. L'âme de Marguerite se peint ici tout entière; elle élève le monument à la mémoire de l'époux qu'elle a regretté toute sa vie plus encore qu'à la mémoire de celle dont elle accomplit le vœu; elle donne à son mausolée la première place dans le temple comme il l'avait dans son cœur, et le sien et celui de Marguerite

de Bourbon semblent placés là comme pour lui
faire cortége.

IV.

Il est bien remarquable que le mausolée de
Marguerite, exécuté après sa mort, est cependant
au moins aussi soigné que les deux précédens ; il
est dans le même style qu'eux ; on y a même
prodigué davantage les ornemens et les petites
statues ; on y retrouve la levrette placée aux pieds
de la princesse comme dans le mausolée de
Nantes.

L'église, commencée en avril 1511, n'a été
finie qu'en 1536 ; on y a donc travaillé six ans
après la mort de la fondatrice, et les derniers
travaux paraissent aussi bien exécutés que les
premiers. Charles-Quint, son neveu et son héri-
tier, aurait donc été peu justement accusé de
s'être refusé aux dépenses convenables pour l'a-
chèvement du monument ; un grand nombre d'é-
glises étaient et sont encore inachevées dans les
vastes états qu'il gouvernait, et il a néanmoins,
après avoir élevé un riche mausolée à sa tante,
achevé dans tous ses détails un édifice dispendieux
placé dans un pays qui lui devenait tout-à-fait
étranger. Le testament et le codicile de Marguerite lui en faisaient, il est vrai, un devoir ; mais
les volontés des morts ne sont-elles pas le plus

souvent dédaignées par les vivans, lorsqu'ils n'ont
pas d'intérêt de les accomplir et qu'il n'est aucun
pouvoir qui puisse les y forcer? Nous pensons
donc que Charles-Quint doit être regardé comme
ayant pieusement accompli les dernières volontés de sa tante.

V.

Il semblerait que ce serait sur les dessins de
Jean Perréal que Colombe aurait fait ses modèles;
c'est du moins ce que l'on pourrait conclure,
lorsque dans le marché Michel Colombe dit *que
les modèles seront exécutés d'après les pourtraictz et belle ordonnance de Jehan de Paris;*
il en dit autant des mausolées des princesses. Sans
l'expression *de belle ordonnance,* on pourrait
croire que Jean de Paris, peintre aussi bien
qu'architecte, n'aurait donné que les portraits du
prince et des princesses pour aider le sculpteur à
reproduire leur ressemblance.

VI.

On ne retrouve dans le P. Rousselet le nom
d'aucun des élèves de Michel Colombe, dont les
pièces ont conservé les noms; cependant Michel
Colombe, dans son marché, promet d'envoyer
sur les lieux pour *réduire en grand volume les
modèles, Jehan de Chartres, son disciple et*

*serviteur, lequel l'a servy l'espace de dix-huit
ou vingt ans.* Ce Jean de Chartres serait-il le
même que Philippe de Chartres, que dans la
tradition rapportée par le P. Rousselet on annonce
avoir remplacé Colomban? Jean de Chartres était
sculpteur très-distingué, et attaché en cette qualité à la princesse de Bourbon ; on pourrait penser
que les fonctions qu'il remplissait à Brou consis-
taient à faire exécuter en grand les modèles produits par son maître, Michel Colombe ; car en
chargeant des sculpteurs d'exécuter les divers
détails, il fallait bien un homme qui présidât à
l'ensemble et à l'harmonie qui devaient exister
entre toutes les parties d'un même ouvrage.
Ainsi donc l'élève principal de Michel Colombe
aurait présidé et concouru sans doute à l'exécution des mausolées produits en modèle par son
école.

VII.

Il est remarquable qu'il est question du marbre
de Saint-Lothain près Poligny, et de sa belle
qualité, dans trois des quatre pièces qui précèdent : Lemaire dit en avoir retrouvé la carrière ;
Colombe annonce que les mausolées du duc de
Bourgogne en ont été faits ; il en a taillé et poli
pour la princesse une figure de sainte Marguerite ;
il le déclare un trésor pour le pays où il se trouve ;

et Lemaire, alors qu'il a quitté son emploi auprès
de la duchesse pour en remplir un semblable
auprès d'Anne de Bretagne, reine de France,
demande à Marguerite de pouvoir continuer l'ex-
ploitation de la carrière, et *de traire le marbre
d'albastre qui se commence fort à cognoistre,
dont se pourra cy-après et prouchainement
faire grande traicte en France.* L'extraction de
ce marbre semble donc avoir eu une certaine
importance; mais Lemaire, qui en avait la con-
cession, a bien pu l'exagérer dans son intérêt.

Le P. Rousselet dit que le marbre noir des
mausolées vient de Saint-Lothain, et l'albâtre de
Vaugrineuse; il est probable qu'il y a erreur dans
son assertion : le marbre de Saint-Lothain,
d'après les trois pièces qui en parlent, est un
marbre blanc; mais bien que les carrières de
St-Lothain auraient fourni une partie du marbre
blanc, nous admettrons, avec le P. Rousselet,
que les grandes pièces sont venues de Carare,
et nous remarquons à ce sujet qu'elles n'ont
remonté le Rhône que jusqu'à Neyron, pendant
que maintenant on les conduirait avec tout
avantage jusqu'à Lagnieu, plus voisin de Bourg,
et avec lequel les communications sont beaucoup
plus faciles.

La publication que nous avions faite précédem-
ment du marché pour les mausolées, a engagé à

faire des recherches à Saint-Lothain pour retrouver les carrières de marbre blanc; il serait
à désirer qu'on en fit aussi à Vaugrineuse, où
on pourrait retrouver le beau marbre noir de nos
mausolées.

VIII.

Il paraît qu'on était alors dans l'usage de peindre les modèles des bas-reliefs et même des statues; il est même à croire que lorsqu'on faisait des
statues et des bas-reliefs en pierre ordinaire pour
l'intérieur des églises, on les peignait. Colombe,
l'un des neveux de Michel, était spécialement
enlumineur, ou chargé de peindre les bas-reliefs
et les statues; et Jean de Paris acheva même ce
travail pour les modèles que François Colombe
avait en mourant laissés sans être peints. Il est à
croire qu'on peignait les modèles en terre cuite
pour aider le sculpteur chargé de les reproduire
en marbre, à mieux saisir la ressemblance et la
physionomie qu'on voulait donner à la statue;
mais Colombe ne peignait pas ses ouvrages en
marbre, car le marbre de ses mausolées de Nantes
n'a point de peinture; d'ailleurs, en proposant
le marbre blanc de Saint-Lothain, il fait beaucoup valoir qu'il se polit en toute perfection et
garde sa blancheur sans jaunir : ces qualités eus-
sent été tout-à-fait indifférentes si on eût dû

peindre les statues qu'on en aurait fait. Enfin,
lorsqu'il dit, dans le marché, que les modèles
seront *estoffés* de peinture blanche et noire, selon
que la nature du marbre le requiert, il est bien
évident que les deux marbres devaient rester
dans leur couleur naturelle.

Ainsi, l'usage de la peinture se serait borné aux
statues et bas-reliefs en pierre, et aux modèles en
petit des ouvrages qui devaient être produits en
marbre ; d'ailleurs on donnait à ces bas-reliefs
des couleurs à la détrempe qui n'empâtaient pas
les sujets, comme le fait la peinture à l'huile qui
alors n'était point en usage.

IX.

Mais il est temps de nous arrêter dans la suite
de déductions et de conjectures que nous ont
fournies quatre des pièces publiées par M. Le
Glay ; il serait beaucoup à désirer que l'homme
laborieux et savant qui a déjà recueilli des maté-
riaux si importans pour l'histoire générale de la
France, pour celle de la Flandre, et de l'héritage
entier de Marie de Bourgogne, pût nous transmettre ceux qui intéressent l'histoire particulière de
notre pays. La princesse Marguerite en conserva le
gouvernement pendant tout le temps de son veu-
vage, depuis 1504 jusqu'à 1530, époque de sa
mort ; elle quittait très-rarement la Flandre, et

par conséquent tous ses actes de souveraineté pour la Bresse se faisaient par correspondance. Parmi les pièces conservées à Lille, il s'en trouverait sans doute encore d'autres qui intéresseraient notre monument et qui seraient accueillies avec empressement.

D'ailleurs, il est rare que dans ces recherches qui semblent n'être que des questions de pure curiosité ou d'utilité restreinte, ne se trouvent pas aussi des détails curieux sur les mœurs des temps passés et sur des questions plus ou moins intéressantes, quoique étrangères au sujet qu'on s'est proposé. Ainsi dans le cas particulier, tout en nous occupant de recherches spéciales sur notre beau monument, recherches qui ont beaucoup d'intérêt pour notre pays, nous avons mis sur la voie pour retrouver, dans les pays d'un facile accès et dans le centre de la France, un marbre noir et un marbre blanc, tous deux, à ce qu'il semble, de qualité très-remarquable.

Nous avons aussi tiré d'un entier oubli le nom de Jean Perréal de Paris, architecte et peintre habile du commencement du XVIe siècle, nom qui ne se retrouve dans aucun des ouvrages biographiques; et cependant nous avons à peu près établi qu'il était l'auteur du plan de notre église; comme pour lui demander ce travail on était allé le chercher à la cour de Louis XII où il occupait la place de *contre-roleur* et de peintre du roi, il est probable que beaucoup d'autres monumens de cette époque lui seraient dus.

Nous avons aussi trouvé des renseignemens qui ne sont pas sans intérêt sur les travaux de la statuaire au XVIᵉ siècle ; il semblerait que lorsqu'un ouvrage, statue, bas-relief ou mausolée de quelqu'importance, était commandé, un dessinateur ou peintre était d'abord chargé de donner un croquis ou une peinture du travail à faire, que le sculpteur en faisait les modèles en petit, en terre cuite, pour les statues et les ornemens, et en pierre pour le reste du monument, qu'ensuite un peintre, sous le nom d'enlumineur, peignait ces modèles, et qu'enfin ils étaient exécutés en grand en pierre ou en marbre par le sculpteur et ses élèves ; c'est du moins la marche qui a été suivie dans l'exécution des mausolées de Brou. On voit qu'il y avait division du travail, ce qui devait hâter son expédition ; et cela était nécessaire dans un temps où les églises, si nombreuses en France, se peuplaient incessamment de statues et de bas-reliefs.

La peinture des modèles en petit semble d'abord extraordinaire au premier coup d'œil ; mais il paraît qu'on ne croyait pas pouvoir s'en dispenser, puisque Jean Perréal lui-même, peintre du roi Louis XII, a cru devoir achever le travail non terminé par François Colombe.

A cette époque la peinture à l'huile commen-
çait seulement à se répandre ; on avait dans les
églises peu de tableaux , mais beaucoup de statues
et de bas reliefs , et l'art de les peindre était souvent confié à des artistes distingués : ainsi François
Colombe, sous le nom d'enlumineur, était l'un
des principaux artistes de l'école de Tours , et
Jean Perréal lui-même crut devoir achever son
ouvrage. Depuis que la peinture à l'huile a eu pris
beaucoup d'extension, on a fait pour les églises
beaucoup plus de tableaux que de statues ; on a
renouvelé les peintures des anciennes statues de
pierre , mais on a laissé ce soin aux plus médiocres
artistes qui ont empâté leurs sujets de peinture à
l'huile , dont les couches successives diminuent
beaucoup le mérite de celles de ces anciennes statues les mieux faites.

www.ingramcontent.com/pod-product-compliance
Lightning Source LLC
LaVergne TN
LVHW022147080426
835511LV00008B/1315